NOVENA

MANO PODEROSA

Por Laila Pita

CORAZÓN
RENOVADO

UN POCO DE HISTORIA

La Mano Poderosa es una representación de una mano y en cada dedo tiene una figura de las personas: el Niño Jesús, la Virgen María, San José, San Joaquín y Santa Ana. Por el siglo XVIII se hacen las primeras representaciones de la Mano Poderosa, en inicios como un devoto y culto al Poder de Dios e intercesión de la Sagrada Familia. Es una alusión mística a la Sangre del Cordero, salvación y fuente de agua viva, para quién la bebe. Hoy es considerada por la gran mayoría como un amuleto "poderoso", para atraer bendición y alejar males. Aunque esta devoción no es reconocida por la Iglesia Católica, pero es apreciada en varias partes del mundo por su poder milagroso, también es conocida como las Cinco Personas. Se le considera un amuleto con influencia cósmica y espiritual. Se cree que es la mano de Mahoma que tendida al Padre Divino le ruega por aquellos que solicitan sus favores, pero también se dice que es la mano de Sofistas que están directamente conectados con la Gracia Divina del Padre, en cualquiera de sus modalidades de creencia, la Mano Poderosa es la mano de Dios que nos puede ayudar a conseguir aquello que sea justo para nosotros.

MILAGRO

Caracas Venezuela en 1996, Carmen López tenía varias deudas que no le había sido posible pagar y estaba a punto que le embargaran la única propiedad que tenía. Ella le estaba rezando a la Mano Poderosa para que le diera suerte. El día menos pensado encontró una cartera con mucho dinero, la tomó, pero no sabía qué hacer con él,

porque le daba miedo, camino algunas cuadras y un pequeño papel le llamó la atención, se trataba de una imagen de la Mano Poderosa, esto le hizo entender que era ella quien trataba de ayudarla. Sin ninguna identificación en la cartera, ni nadie a quien devolverla, Carmen usó el dinero para salvar su propiedad y salvarse de la ruina. Desde entonces vive pregonando su fe en la Mano Poderosa.

ORACIÓN DIARIA

Divina Mano Poderosa te dedico esta novena con devoción, porque sé que todo lo que venga de ti será cosa buena. Con todos los Santos que llevas en tus dedos tu poder es más intenso, úsalo Santa Mano Poderosa para darme protección y suerte para que pueda realizar lo que pienso. Reverenciada Mano Poderosa con tu bendición se acaba la pena y la vida de lo necesario para vivir está llena. Intercede por mí ante la Gran Familia para ser protegido y no sentirme indefenso.

Padre Nuestro, que estás en el cielo, santificado sea tu nombre; venga a nosotros tu reino; hágase tu voluntad, en la tierra como en el cielo. Danos hoy nuestro pan de cada día; perdona nuestras ofensas, como también nosotros perdonamos a los que nos

5

ofenden; no nos dejes caer en la tentación, y líbranos del mal. Amén.

Dios te salve, María, llena eres de gracia, el Señor es contigo. Bendita tú eres entre todas las mujeres, y bendito es el fruto de tu vientre: Jesús. Santa María, Madre de Dios, ruega por nosotros, pecadores, ahora y en la hora de nuestra muerte. Amén.

Gloria al Padre, al Hijo y al Espíritu Santo. Como era en el principio, ahora y siempre, por los siglos de los siglos. Amén.

HAGA SU PETICIÓN

Aquí estoy hincado a tus pies. Con la luz de tus quinqués que no tienen comparación alumbra a este humilde feligrés que viene a hacerte esta petición.

Te ruego con todo mi corazón me concedas... (se hace la petición)

Esto es un asunto de interés te suplico tu atención me des. Concédeme lo que te pido en esta ocasión y con tu divina protección me ayudes, para que seas tú siempre mi salvación.

DÍA PRIMERO

Alabada Mano Poderosa, por todos los Santos que portas yo te ruego me des tu bendición, para que mis problemas tengan solución. Te ofrezco esta novena con el corazón, para pedirte tu protección frente a enemigos ocultos, que de manera sutil me llenan de insultos. Líbrame de ellos con tu gran poder, ante la Divina Familia sé tú la intercesión. Bendita Mano Poderosa cinco veces más grande es tu poder y no necesita explicación. Los que a ti se acercan ante el Padre tienen indultos.

Padre Nuestro, que estás en el cielo, santificado sea tu nombre; venga a nosotros tu reino; hágase tu voluntad, en la tierra como en el cielo. Danos hoy nuestro pan de cada día; perdona nuestras ofensas, como también nosotros perdonamos a los que nos

ofenden; no nos dejes caer en la tentación, y líbranos del mal. Amén.

Dios te salve, María, llena eres de gracia, el Señor es contigo. Bendita tú eres entre todas las mujeres, y bendito es el fruto de tu vientre: Jesús. Santa María, Madre de Dios, ruega por nosotros, pecadores, ahora y en la hora de nuestra muerte. Amén.

Gloria al Padre, al Hijo y al Espíritu Santo. Como era en el principio, ahora y siempre, por los siglos de los siglos. Amén.

DÍA SEGUNDO

Santificada seas Mano Poderosa, a todos los que te piden con franqueza y sinceridad concedes favores especiales, por eso hoy te ruego me des victoria si he de enfrentarme a mis rivales. No permitas que me toquen ni me hagan daño. Alértame y protégeme de cualquier movimiento extraño. Aléjame Sagrada Mano de problemas judiciales y pueda tener buenas relaciones sociales. Tú que todo lo puedes manténme seguro del engaño. Aquí sentado haciendo oración yo humilde te acompaño.

Padre Nuestro, que estás en el cielo, santificado sea tu nombre; venga a nosotros tu reino; hágase tu voluntad, en la tierra como en el cielo. Danos hoy nuestro pan de cada día; perdona nuestras ofensas, como también nosotros perdonamos a los que nos

10

ofenden; no nos dejes caer en la tentación, y líbranos del mal. Amén.

Dios te salve, María, llena eres de gracia, el Señor es contigo. Bendita tú eres entre todas las mujeres, y bendito es el fruto de tu vientre: Jesús. Santa María, Madre de Dios, ruega por nosotros, pecadores, ahora y en la hora de nuestra muerte. Amén.

Gloria al Padre, al Hijo y al Espíritu Santo. Como era en el principio, ahora y siempre, por los siglos de los siglos. Amén.

11

DÍA TERCERO

Esta novena te entrego Divina Mano Poderosa para pedirte me des tu protección en lugares peligrosos. Me mantengas alejado de asuntos dudosos. Permanece a mi lado Mano Santa y cuida mi camino, para no tener algún incidente repentino. Gloriosa Mano Poderosa en nombre del Padre te suplico me envuelvas con tus dedos luminosos, para poder recibir tus milagros generosos. Te lo pido con este corazón de humilde campesino. Concédeme tu favor Divino. Mano Poderosa de Sagrado amor genuino, Eterna Mano tus seguidores son numerosos.

Padre Nuestro, que estás en el cielo, santificado sea tu nombre; venga a nosotros tu reino; hágase tu voluntad, en la tierra como en el cielo. Danos hoy nuestro pan de cada día;

12

perdona nuestras ofensas, como también nosotros perdonamos a los que nos ofenden; no nos dejes caer en la tentación, y líbranos del mal. Amén.

Dios te salve, María, llena eres de gracia, el Señor es contigo. Bendita tú eres entre todas las mujeres, y bendito es el fruto de tu vientre: Jesús. Santa María, Madre de Dios, ruega por nosotros, pecadores, ahora y en la hora de nuestra muerte. Amén.

Gloria al Padre, al Hijo y al Espíritu Santo. Como era en el principio, ahora y siempre, por los siglos de los siglos. Amén.

DÍA CUARTO

Reverenciada Mano Poderosa mientras te rezo te tengo una vela encendida, para pedirte me des victoria frente a los retos de la vida. Para saber sacarlos con éxito dame fuerza y sabiduría. Santa Mano Poderosa ilumíname con tu poder cada día. A salir adelante mi alma está decidida. Dame tu luz sagrada Divina Mano querida. Llena mi espíritu y mi hogar de alegría. Para seguir de frente y sin doblarme dame la energía. Idolatrada Mano Poderosa a todos los problemas que se me presenten dales salida.

Padre Nuestro, que estás en el cielo, santificado sea tu nombre; venga a nosotros tu reino; hágase tu voluntad, en la tierra como en el cielo. Danos hoy nuestro pan de cada día; perdona nuestras ofensas, como también nosotros

perdonamos a los que nos ofenden; no nos dejes caer en la tentación, y líbranos del mal. Amén.

Dios te salve, María, llena eres de gracia, el Señor es contigo. Bendita tú eres entre todas las mujeres, y bendito es el fruto de tu vientre: Jesús. Santa María, Madre de Dios, ruega por nosotros, pecadores, ahora y en la hora de nuestra muerte. Amén.

Gloria al Padre, al Hijo y al Espíritu Santo. Como era en el principio, ahora y siempre, por los siglos de los siglos. Amén.

DÍA QUINTO

Sacrosanta Mano Poderosa usa tus Divinos dedos como alas, para que vuelen a mí para protegerme de las lenguas malas, que por donde quiera que pasan hacen daño, sin importar si es un conocido o un extraño. No permitas que me toquen porque sus males se clavan como balas. Te lo ruego por medio de esta novena que te ofrezco, porque tú la justicia igualas. Cuídame Santa Mano Poderosa de sufrir un desengaño. Cubre mis oídos para que no escuchen la palabra de engaño.

Padre Nuestro, que estás en el cielo, santificado sea tu nombre; venga a nosotros tu reino; hágase tu voluntad, en la tierra como en el cielo. Danos hoy nuestro pan de cada día; perdona nuestras ofensas, como también nosotros perdonamos a los que nos

ofenden; no nos dejes caer en la tentación, y líbranos del mal. Amén.

Dios te salve, María, llena eres de gracia, el Señor es contigo. Bendita tú eres entre todas las mujeres, y bendito es el fruto de tu vientre: Jesús. Santa María, Madre de Dios, ruega por nosotros, pecadores, ahora y en la hora de nuestra muerte. Amén.

Gloria al Padre, al Hijo y al Espíritu Santo. Como era en el principio, ahora y siempre, por los siglos de los siglos. Amén.

DÍA SEXTO

Bendita eres por toda la tierra, por tus poderes benditos y tus grandes milagros infinitos. Gloria a todos los Santos de tus dedos, por sus dones sempiternos. Vengo a suplicarte Mano Poderosa para que me des victoria frente a enemigos internos. No permitas que me dañen, usa tus poderes eternos. Ni a ellos ni a mí nos permitas cometer delitos, danos la calma para hablar y no llegar a los gritos. Mano Poderosa usa tus dedos tiernos, para sembrar la paz en afectos fraternos.

Padre Nuestro, que estás en el cielo, santificado sea tu nombre; venga a nosotros tu reino; hágase tu voluntad, en la tierra como en el cielo. Danos hoy nuestro pan de cada día; perdona nuestras ofensas, como también nosotros perdonamos a los que nos

ofenden; no nos dejes caer en la tentación, y líbranos del mal. Amén.

Dios te salve, María, llena eres de gracia, el Señor es contigo. Bendita tú eres entre todas las mujeres, y bendito es el fruto de tu vientre: Jesús. Santa María, Madre de Dios, ruega por nosotros, pecadores, ahora y en la hora de nuestra muerte. Amén.

Gloria al Padre, al Hijo y al Espíritu Santo. Como era en el principio, ahora y siempre, por los siglos de los siglos. Amén.

DÍA SÉPTIMO

Con esta novena quiero darte veneración, Mano Sagrada para recibir tu bendición. Te suplico me des tu protección en cualquier camino y a cualquier hora, para estar seguro con tu mano protectora. Bendita Mano Poderosa en cualquier problema sé tú mi salvación. Y que todo lo que haga esté presente tu Mano directora. Los ángeles para ti canten una melodía sonora, para alabarte con gran admiración. Eternamente mi alma será tu fiel servidora. Escucha el ruego de esta persona pecadora.

Padre Nuestro, que estás en el cielo, santificado sea tu nombre; venga a nosotros tu reino; hágase tu voluntad, en la tierra como en el cielo. Danos hoy nuestro pan de cada día; perdona nuestras ofensas, como también nosotros

20

perdonamos a los que nos ofenden; no nos dejes caer en la tentación, y líbranos del mal. Amén.

Dios te salve, María, llena eres de gracia, el Señor es contigo. Bendita tú eres entre todas las mujeres, y bendito es el fruto de tu vientre: Jesús. Santa María, Madre de Dios, ruega por nosotros, pecadores, ahora y en la hora de nuestra muerte. Amén.

Gloria al Padre, al Hijo y al Espíritu Santo. Como era en el principio, ahora y siempre, por los siglos de los siglos. Amén.

DÍA OCTAVO

Mano Poderosa en tus dedos llevas la verdad, aunque pasen muchos años tú nunca tendrás edad. Sagrados son tus designios, Mano Divina tu poder es grandioso. La Sagrada Familia te da un toque misterioso. Idolatrada Mano Poderosa te imploro con el corazón que me des victoria frente a toda negatividad. Inunda mi alrededor de luz para que se vaya la oscuridad. Ven y pon tu dedo hermoso para que conviertas mi mundo en algo maravilloso. Sé que tú puedes dar la felicidad, yo te lo suplico por caridad.

Padre Nuestro, que estás en el cielo, santificado sea tu nombre; venga a nosotros tu reino; hágase tu voluntad, en la tierra como en el cielo. Danos hoy nuestro pan de cada día; perdona nuestras ofensas, como también nosotros

perdonamos a los que nos ofenden; no nos dejes caer en la tentación, y líbranos del mal. Amén.

Dios te salve, María, llena eres de gracia, el Señor es contigo. Bendita tú eres entre todas las mujeres, y bendito es el fruto de tu vientre: Jesús. Santa María, Madre de Dios, ruega por nosotros, pecadores, ahora y en la hora de nuestra muerte. Amén.

Gloria al Padre, al Hijo y al Espíritu Santo. Como era en el principio, ahora y siempre, por los siglos de los siglos. Amén.

DÍA NOVENO

Eternamente Santa eres Mano Poderosa, de mi corazón la patrona. Te entrego esta novena para que le des protección a mi persona, también a mi empleo o negocio, rezándote a diario te pido por mi familia, mi hogar y todo lo que me es querido y necesario. Prometo venir a verte con frecuencia Divina anfitriona. Sagrada Mano Poderosa en hacer el bien eres campeona. Que suene todo el campanario en tu honor y por tu poder temerario. Por tus amados hijos tú luchas como leona.

Padre Nuestro, que estás en el cielo, santificado sea tu nombre; venga a nosotros tu reino; hágase tu voluntad, en la tierra como en el cielo. Danos hoy nuestro pan de cada día; perdona nuestras ofensas, como también nosotros perdonamos a los que nos

24

ofenden; no nos dejes caer en la tentación, y líbranos del mal. Amén.

Dios te salve, María, llena eres de gracia, el Señor es contigo. Bendita tú eres entre todas las mujeres, y bendito es el fruto de tu vientre: Jesús. Santa María, Madre de Dios, ruega por nosotros, pecadores, ahora y en la hora de nuestra muerte. Amén.

Gloria al Padre, al Hijo y al Espíritu Santo. Como era en el principio, ahora y siempre, por los siglos de los siglos. Amén.

ORACIÓN FINAL

Tus bondades son transparentes como el cristal, a todos das fortaleza espiritual. Acepta esta novena Divina Mano Poderosa, que acompaño con una rosa, para pedirte me protejas en cualquier problema actual y me des mucha fortaleza con tu poder especial. Ampárame de cualquier enemigo, junto con mi familia amorosa, sepáranos de toda persona sospechosa. Ayúdanos a alcanzar la vida ideal, manténte vigilante en el umbral. Mi alma de recibir tu bendición se encuentra ansiosa, porque sabe que tú eres piadosa. Divina Mano Milagrosa.

Padre Nuestro, que estás en el cielo, santificado sea tu nombre; venga a nosotros tu reino; hágase tu voluntad, en la tierra como en el cielo. Danos hoy nuestro pan de cada día;

perdona nuestras ofensas, como también nosotros perdonamos a los que nos ofenden; no nos dejes caer en la tentación, y líbranos del mal. Amén.

Dios te salve, María, llena eres de gracia, el Señor es contigo. Bendita tú eres entre todas las mujeres, y bendito es el fruto de tu vientre: Jesús. Santa María, Madre de Dios, ruega por nosotros, pecadores, ahora y en la hora de nuestra muerte. Amén.

Gloria al Padre, al Hijo y al Espíritu Santo. Como era en el principio, ahora y siempre, por los siglos de los siglos. Amén.

Papá Dios: que tu sabiduría nos guíe; que tu luz ilumine nuestro camino; que tu amor nos de paz; que tu poder nos proteja, y que por donde quiera que caminemos, tu presencia nos acompañe. Gracias Papá Dios que ya nos oíste. Amén.

www.ingramcontent.com/pod-product-compliance
Lightning Source LLC
Chambersburg PA
CBHW070634150426
42811CB00050B/300